Levar a paz aos que dela necessitam

Coleção Paz Interior

- *Abra o coração e receba a paz –*
  Gustavo E. Jamut, omv
- *Como conservar a paz em meio às dificuldades –*
  Gustavo E. Jamut, omv
- *Levar a paz aos que dela necessitam –*
  Gustavo E. Jamut, omv
- *Maria, Rainha da Paz –*
  Gustavo E. Jamut, omv
- *O que nos tira a paz –*
  Gustavo E. Jamut, omv

Gustavo E. Jamut, omv

Levar a paz aos que dela necessitam

Paulinas

Dados Internacionais de Catalogação na Publicação (CIP)
(Câmara Brasileira do Livro, SP, Brasil)

Jamut, Gustavo E.
    Levar a paz aos que dela necessitam / Gustavo E. Jamut ; [tradução Cristina Paixão Lopes]. — São Paulo : Paulinas, 2007. — (Coleção paz interior)

    Título original: Llevar la paz a quienes la necesitan.
    Bibliografia.
    ISBN 978-85-356-1537-1
    ISBN 950-861-794-2 (ed. original)

    1. Conduta de vida 2. Paz de espírito 3. Reflexão I. Título. II. Série.

07-0774   CDD-248.86

Índice para catálogo sistemático:

1. Paz de espírito : Reflexões : Cristianismo   248.86

Título original da obra: *Llevar la paz a quienes la necesitan*
© San Pablo, Buenos Aires (Argentina), 2005.

Citações bíblicas: *Bíblia Sagrada*. Tradução da CNBB, 2ª ed. 2002.

Direção-geral: *Flávia Reginatto*
Editora responsável: *Luzia Sena*
Assistente de edição: *Andréia Schweitzer*
Tradução: *Cristina Paixão Lopes*
Coordenação de revisão: *Marina Mendonça*
Revisão: *Marcia Nunes e Mônica Elaine G. S. Costa*
Direção de arte: *Irma Cipriani*
Gerente de produção: *Felício Calegaro Neto*
Capa e editoração eletrônica: *Renata Meira Santos*

Nenhuma parte desta obra poderá ser reproduzida ou transmitida por qualquer forma e/ou quaisquer meios (eletrônico ou mecânico, incluindo fotocópia e gravação) ou arquivada em qualquer sistema ou banco de dados sem permissão escrita da Editora. Direitos reservados.

Paulinas

Rua Pedro de Toledo, 164
04039-000 – São Paulo – SP (Brasil)
Tel.: (11) 2125-3549 – Fax: (11) 2125-3548
http://www.paulinas.org.br – editora@paulinas.com.br
Telemarketing e SAC: 0800-7010081

© Pia Sociedade Filhas de São Paulo – São Paulo, 2007

*Dedico este livro àqueles que não desanimam
diante das dificuldades da vida,
nem se deixam vencer pelo mal,
mas mantêm o propósito de serem
construtores de paz
onde o amor de Deus os colocou.*

Introdução

Não temas, servo meu, Jacó, Israel querido,
a quem escolhi. Derramarei água na terra seca
[...] meu espírito nos teus descendentes [...].
E eles crescerão como mato à beira d'água,
como salgueiros ao longo dos córregos.
(Is 44,2-4)

Há algum tempo, ouvi a notícia de que um dos maiores lagos naturais do México estava morrendo. O artigo comentava que por 50 anos o lago havia sido exposto a abusos e descuidos crescentes. As conseqüências da contaminação finalmente se fizeram notar na água, antes cristalina e agora turva. Outro sintoma da enfermidade do lago era a séria estiagem que o atingia. Por duas vezes, nas últimas décadas, suas águas haviam baixado muito, próximo da total seca.

Ao ler o artigo, pus-me a refletir sobre o fato de que a mente e o coração de cada homem e mulher desta terra são como um lago que deve ser cuidado e protegido de toda forma de contaminação. Caso contrário, a paz interior e a alegria começam a se turvar e, em seguida, secarão completamente.

Acontece, também, que, quando um lago é contaminado, ou acaba secando, não só desaparece uma bela porção da criação, mas ainda ocorrem graves conseqüências em toda a região na qual ele se encontra.

O artigo a que me refiro dizia que a morte do lago teria repercussões drásticas sobre o clima, os padrões de vida e a saúde pública e ambiental de muitas partes da América do Norte. Igualmente, prejudicaria em grande medida as atividades agrícola e industrial, o turismo, a flora e a fauna, já que aquele era o lar de centenas de espécies de plantas e animais, inclusive de certas variedades endêmicas de peixes que não se encontram em nenhuma outra parte do planeta.[1]

Definitivamente, ao desaparecer uma fonte de vida, muitos vêem-se privados dela, afetados de uma ou outra maneira.

Seu espírito e sua mente também podem ser comparados a um lago que, estando cheio da paz de Deus, se assemelha a um espelho de água límpida e cristalina, da qual muitos podem beber.

Esse exemplo nos ajuda a compreender que é muito importante que haja em você paz e alegria abundantes, já que delas dependem muitas pessoas com as quais você se encontra todos os dias.

Não está a humanidade morrendo de sede da vida plena que provém de Deus quando

---

[1] *Ecodecisión*, revista ambiental e política, v. 23.

temos, junto de nós, um infinito lago de amor capaz de satisfazer a sede mais profunda do coração humano?

Cada cristão tem o sagrado dever de levar a paz e a felicidade pelos caminhos do mundo e não pode permitir que nada nem ninguém contamine ou seque essa paz e essa alegria. Com elas, deverá regar os corações que se encontrem murchos e secos, e elevá-los a Deus.

Vamos caminhando juntos, ao longo destas páginas, para que o vale de seu coração vá se plenificando – mediante a Palavra de Deus e a reflexão - com uma abundante chuva de bênçãos, como água pura e cristalina, de modo que seu coração transborde e você possa inundar todas as pessoas com quem convive com essa presença pacificadora de Deus.

Para refletir

"'Se alguém tem sede [de autêntica paz],
venha a mim, e beba quem crê em mim –
conforme diz a Escritura:
Do seu interior correrão rios de água viva'.
Ele disse isso falando do Espírito [de paz]
que haviam de receber os que acreditassem nele."
(Jo 7,37b-38)

"As aspirações do Espírito levam
à vida e à paz."
(Rm 8,6)

CAPÍTULO 1

Ser sentinelas de paz

Pois foi assim que me disse o Senhor:
"Vai, põe de prontidão uma sentinela!
Deve contar tudo o que avistar".
(Is 21,6)

Sentinelas são aqueles homens e mulheres que têm uma visão completa dos fatos que os rodeiam. São os que se encontram em um "lugar elevado", isto é, de constante crescimento interior, que lhes propicia uma visão pormenorizada das situações que ocorrem ao seu redor. Situam-se em um ponto estratégico que lhes proporciona uma vista panorâmica, de onde podem observar tudo o que está acontecendo, mesmo em lugares distantes.

Falando em *sentido material*, em uma cidade esses pontos estratégicos de observação poderiam ser os terraços dos grandes edifícios ou os altos campanários de certas igrejas. Falando em *sentido espiritual*, para o cristão, chamado a

11

ser sentinela de paz, seu lugar elevado deve ser, fundamentalmente, uma atitude de consciente receptividade à voz de Deus, que lhe fala das necessidades de seu povo. "Para servir, é preciso ter um ouvido atento ao Evangelho e outro ao povo."[1]

Todos os batizados

Se pensarmos que cada batizado deveria viver sua vida, não como própria, mas como um dom de Deus, com uma missão a cumprir concedida por nosso Criador, o cenário no mundo seria diferente, já que, como nos recorda o Concílio, "todos os fiéis, de qualquer estado ou condição, são chamados à plenitude da vida cristã e à perfeição da caridade".[2]

Imaginemos, por um momento, todos os batizados trabalhando de modo criativo pelo bem dos demais: governantes e políticos, os que trabalham nos meios de comunicação e no mundo das artes, empresários e operários... todos empenhados em trabalhar unidos pelo bem de todos, especialmente pelos que mais sofrem.

---

[1] Monsenhor Enrique Angelelli, bispo de La Rioja, Argentina, assassinado por suas lutas sociais durante a ditadura militar naquele país.
[2] *Lumen gentium*, n. 40.

Infelizmente, constatamos diariamente que a preocupação com o bem do próximo, mesmo nos países de maioria católica, existe ainda em grau muito reduzido. Por isso, o Concílio nos adverte sobre as conseqüências sociais quando nós, que integramos a sociedade, não temos clara a ordem dos valores:

> A Sagrada Escritura, confirmada pela experiência dos séculos, ensina à família humana que o progresso humano, tão grande bem para o homem, traz consigo também uma grande tentação: perturbada a ordem de valores e misturado o bem com o mal, os homens e os grupos consideram apenas o que é seu, esquecendo o dos outros. Deixa assim o mundo de ser um lugar de verdadeira fraternidade, enquanto o acrescido dos homens ameaça já destruir o próprio gênero humano.[3]

Nesse contexto, os cristãos que já assumiram um compromisso com Cristo devem trabalhar incansavelmente, como sentinelas da paz, levando a todos a mensagem de Cristo e oferecendo, pela conversão de todas as pessoas, os sacrifícios e as cruzes de cada dia.

---

[3] *Gaudium et spes*, n. 37.

Para refletir

"É preciso estar disposto a trabalhar sem descanso,
se quiser servir aos que sofrem."
(Madre Teresa de Calcutá)

Políticos e governantes, sejam construtores da verdadeira paz

*Nós, cristãos, de modo particular,
somos chamados a ser sentinelas da paz.*
(João Paulo II)[4]

Na Antigüidade, pediu-se aos poderes político (*nobres*) e militar (*oficiais*) que fossem as sentinelas do povo de Israel e que velassem durante a reconstrução das muralhas de Jerusalém:

> [...] e falei aos nobres, aos funcionários e ao povo em geral: "A área da construção é grande e extensa e estamos muito dispersos por sobre a muralha, a grande distância uns dos outros. Quando ouvirdes soar a trombeta, a direção donde vier o som vos indicará o lugar onde devereis reunir-vos junto de nós. Nosso Deus vai lutar por nós". Assim trabalhávamos desde a madrugada até aparecerem as estrelas, enquanto

---

[4] Alocução no *Angelus*, 23 de fevereiro de 2003.

a metade dos homens empunhava a lança. Na mesma ocasião ordenei ao povo: "Cada um com o ajudante deve pernoitar em Jerusalém; assim a noite será para a vigilância e o dia para o trabalho" (Ne 4,19-22).

Por meio destas palavras de Neemias, vemos que, para edificar o Reino de Deus, o universo da política tem uma tarefa que não é nada fácil. Porém o chamado fundamental que Deus lhes faz e do qual, chegado o momento, lhes pedirá conta, é para serem sentinelas da paz. A tarefa, como diz o texto, é grande e extensa, contudo *Deus oferece proteção e paz àqueles que trabalham para ele nas mais diferentes esferas da sociedade.*

A partir desse texto, pensemos por um momento nos políticos, no poder que eles têm e como o administram. Assim como os israelitas, que eram poucos, também os verdadeiros crentes no mundo da política são muito poucos, portanto não podem se dar ao luxo de gastar as energias em discussões partidárias e lutas estéreis, pois estas provêm do maligno.

Quão diferente seria o mundo, em geral, e nossa sociedade, em particular, se, por meio da generosidade e da justiça, a paz de Deus se aninhasse na mente e no coração de nossos governantes e políticos... Quanto bem fariam à humanidade... Como poderiam, em pouco tempo, transformar o país e o mundo. A paz interior os guiaria em suas decisões diárias, para trabalhar no desenvolvimento do bem integral da sociedade. E, ao mesmo tempo, promoveria um novo desenvolvimento.

Como disse o papa Paulo VI, "o desenvolvimento é o novo nome da paz".[5]

Tomás Moro,[6] chanceler da Inglaterra durante o reinado de Henrique VIII, participava todos os dias da santa missa. Em certa ocasião, um amigo lhe perguntou por que, tendo tantas atividades e responsabilidades no cargo que ocupava, dedicava um momento, todos os dias, para participar da missa. Ele respondeu que, justamente por ter tantas responsabilidades, necessitava de maior sabedoria e força, para deixar-se guiar por Deus e, assim, não errar em seus veredictos e resoluções, já que a sorte de muitas pessoas no reino dependia das decisões por ele tomadas.[7]

---

[5] Cf. *Populorum progressio*, nn. 76-77.

[6] A seu respeito, pode-se ver de João Paulo II: *São Tomás Moro*, patrono de governantes e políticos. Carta sob a forma de *Motu proprio*, no jubileu dos políticos, 31 de outubro de 2000.

[7] É preciso levar em conta que naqueles tempos a celebração da missa era muito mais prolongada do que na atualidade.

A beata Madre Teresa de Calcutá opinava:

> Tenho a convicção de que os políticos passam pouco tempo de joelhos. Estou convencida de que desempenhariam muito melhor sua tarefa se o fizessem. A oração gera fé, gera amor, e o amor gera serviço aos pobres.

O serviço desinteressado aos pobres faz crescer o respeito mútuo e a paz na sociedade.

Além disso, nós, cristãos, não devemos nos esquecer da obrigação que temos de orar por nossos governantes, independentemente do partido a que pertençam, sejam-nos simpáticos ou não, a fim de que, em algum momento, sintam a necessidade de Deus e, assim, possam ter uma experiência profunda de seu amor e ser canais dele, em todas as esferas da sociedade.

A esse respeito, são Paulo nos sugere:

> Antes de tudo, peço que se façam súplicas, orações, intercessões, ação de graças, por todas as pessoas, pelos reis e pelas autoridades em geral, para que possam levar uma vida calma e tranqüila, com toda a piedade e dignidade. Isto é bom e agradável a Deus, nosso Salvador. Ele quer que todos sejam salvos e cheguem ao conhecimento da verdade (1Tm 2,1-4).

Para refletir

"Nada podes sem mim;
jamais deixarei de socorrer-te."
(Jesus a santa Margarida Maria Alacoque)

Construindo a paz cada dia

Uma de nossas tarefas primordiais é a de edificar o Reino de Deus, o reino da verdade e da vida, o reino da santidade e da graça, o reino da justiça, do amor e da paz.[8] Essa obra também é complexa e extensa.

Assim como as sentinelas do texto de Neemias, são poucos os que guardam a paz (cf. Ne 4,19-23), mas seus inimigos são muitos. Devemos ser sentinelas espirituais, fortalecendo nossa oração e levantando nossa voz, qual som de trombetas, cada vez que a paz se vir ameaçada.

É preciso estar muito atentos: a tentação da desesperança, que invade muitas mentes, tentará nos fazer crer que já é noite, que é tarde demais para reverter a situação. Pois, *quando os pacíficos perdem toda esperança, os violentos encontram motivo para disparar.*

---

[8] Prefácio da solenidade de Jesus Cristo, rei do universo.

A esse respeito, João Paulo II nos aconselhava: "Não te deixes vencer pelo mal, antes vence o mal com o bem".[9]

Para refletir

"Confia sempre nele, ó povo,
diante dele derrama teu coração,
nosso refúgio é Deus."
(Sl 62,9)

Cura interior

*Estar em paz consigo mesmo
é o meio mais seguro
de começar a estar em paz com os outros.*
(Frei Luís de León)

Como diz frei Luís de León, o primeiro passo a ser dado para se alcançar a paz no mundo é ter paz dentro de si mesmo. Por isso é fundamental caminhar junto de Jesus, que, por meio do seu Espírito, vai ampliando a paz interior, mediante a libertação das feridas e do pecado.

Entre o moralismo extremo, que nega a dimensão psicológica do homem ferido pelo pecado, e o psicologismo obtuso, para o qual o

---

[9] Jornada Mundial pela Paz, 1º de Janeiro de 2005, em relação a Rm 12,21.

pecado só pode ser atribuído ao determinismo subconsciente, há um caminho intermediário, que mostra que tanto a ferida como o pecado habitam no coração do homem e que Deus tem o amor e o poder para nos livrar de ambos.

A cura interior pode ser comparada a uma cebola: tira-se uma camada e há outra por baixo; tira-se esta e há mais uma por baixo; e cada vez que uma camada é removida, ela nos faz chorar... Porém é preciso continuar em frente; não há outro caminho.

Nesse sentido, fica fácil compreender que a paz há de nascer no interior do coração de cada mulher e de cada homem, como acolhida livre e voluntária do amor de Deus. Daí a importância de clamar a Deus: "Vem e coloca tuas mãos sobre mim, para que eu fique curado e viva" (cf. Mc 5,24).

Se no coração do cristão persistirem o ódio e a inveja, rancores e ressentimentos, a cura não será concretizada, e a delicadíssima planta da paz não poderá germinar ali.

Deve-se purificar a alma, lutando contra qualquer sombra de ressentimento ou de rancor, que, por romper a fraternidade, quebra a comunhão com o Senhor e impede a sua obra.

É o Senhor quem lhe pede

Pois foi assim que me disse o Senhor:
"Vai, põe de prontidão uma sentinela!
Deve contar tudo o que avistar".
(Is 21,6)

Se o mal avança e se consolida no mundo, se se vai perdendo o clima de paz, nós, que nos chamamos cristãos, temos grande responsabilidade diante do Senhor, pois não amadurecemos no discernimento entre o verdadeiro bem e o mal; falhamos na tarefa de ser buscadores do bem e sentinelas de paz e, assim, nos desinteressamos de nossos compromissos como crentes.

A Palavra de Deus nos propõe: "Procurai o bem e não o mal para poderdes viver" (Am 5,14).

Muitos batizados leigos esperam que o papa, os bispos e os sacerdotes resolvam todos os problemas que existem na Igreja e no mundo, como se eles não fizessem parte da Igreja e bastasse ser "uma boa pessoa", pois não matam, não roubam, cumprem os mandamentos e deixam que outros dêem um jeito no que está mal.

O pecado de omissão coloca o cristão na categoria daqueles que enterram seus talentos por medo ou por ignorância, esquecendo-se de que um dia Deus nos questionará sobre como os utilizamos (cf. Mt 25,14-30).

João Paulo II anima continuamente os leigos a viver sua vocação: "Os leigos também são chamados a buscar, com engenho e criatividade, caminhos de paz, para resolver os conflitos que existem ao seu redor".[10]

Para refletir

"Senhor, se queres,
tens o poder de purificar-me."
(Mt 8,2)

Jornadas pela paz

Todos os anos, em 1º de janeiro, celebra-se no mundo inteiro a jornada pela paz.

Alguns se perguntarão: "Que pode significar hoje uma jornada de oração pela paz neste mundo dilacerado por tanta violência?".

Penso que esta celebração tem *dois propósitos e frutos*:

1. Lembrarmos a nós mesmos que temos à frente um novo ano; que depende de nós, por meio de nossos pensamentos, palavras e ações, decidir se construiremos a paz, segundo nossas possibilidades.

---

[10] Cf. *Christi fidelis laici*, carta encíclica de João Paulo II aos fiéis leigos.

O objetivo é nos convencermos de que temos de mudar, para ajustar nossa atuação e nossa vida aos desejos de paz que Deus tem para a humanidade.

2. Além disso, ao orarmos com fé, nossa oração toca nosso coração de orante e o coração das pessoas por quem oramos.

A verdadeira oração nos converte, nos torna mais capazes de perdão e reconciliação, mais sensíveis diante de qualquer injustiça, abuso e mentira.

Quem pede a paz ardentemente consegue acolhê-la em seu coração. Mais ainda, quem ora assim a Deus está conservando a paz em seu interior. Portanto, não poderá abrigar ódio em seu coração contra ninguém.

Para refletir

"Não há caminhos para a paz;
a paz é o caminho."
(M. Gandhi)

Da cruz, Jesus nos dá a sua paz

Ser cristão é compartilhar a vida de Cristo e com Cristo; é crer que ele caminha a seu lado, senta-se junto de você, partilha dos seus pensamentos e sentimentos e a qualquer momento, você pode falar com ele e também escutá-lo. Por isso o Senhor disse a seus discípulos, e hoje quer dizer a você: "Deixo-vos a paz, dou-vos a minha paz" (Jo 14,27).

A paz de Cristo flui no crente ao viver de modo cristão, *em todas as dimensões de sua existência*; ao viver a vida com *entrega absoluta*, até o fim. Porque as coisas vividas pela metade geram insatisfação.

Como é triste confiarmos uma tarefa a alguém e nos decepcionarmos, porque não foi concluída. Como é alentador quando nos incumbem de um trabalho e podemos dizer, com toda a tranqüilidade, que está cumprido, terminado, e que nele colocamos, com amor, o melhor de nós mesmos.

Jesus, na cruz e em meio aos maiores tormentos, mantém a dignidade própria daqueles que conservam a paz em todas as circunstâncias da vida e diz: "Está consumado" (Jo 19,30). Ele evoca todo o leque de profecias feitas a seu respeito. Comprova que nada resta a cumprir. Nessa circunstância de tanta dor, uma grande paz desce sobre o espírito do Senhor. Tudo está concluído; já pode regressar serenamente à casa de seu Pai para reencontrar-se e fundir-se com ele em um abraço eterno.

Cada cristão, antes de partir desta vida, olhará para sua vida como se fosse um filme e compreenderá que houve cenas alegres e outras tristes. Oxalá, nesse momento, cada um de nós possa, como Jesus, afirmar: "Eu te glorifiquei na terra, realizando a obra que me deste para fazer" (Jo 17,4).

Jesus Cristo, como sentinela da paz, no alto da cruz, mantém-se em um lugar elevado, não só no sentido material e físico, mas também, e sobretudo, no sentido místico e espiritual.

Ninguém gosta de sofrer. Jesus também não gostou; isso teria sido masoquismo. No entanto, por amor a cada um de nós, aceitou o sofrimento e a cruz, conservando a paz, inclusive nos momentos mais sombrios.

É certo que, no Jardim das Oliveiras, experimentou a mais profunda angústia e exclamou: "Meu Pai, se possível, que este cálice passe de mim [...]. Contudo, não seja feito como eu quero, mas como tu queres" (Mt 26,39). Então, veio um anjo do céu para consolá-lo... e a paz regressou. No calvário, essa sensação de distanciamento e aridez que talvez tenha sentido no Jardim das Oliveiras foi definitivamente superada.

Eis o inestimável segredo de como conservar a paz no sofrimento: *abraçar livremente a dor, não pela dor em si, mas por amor, em união com Jesus Cristo. Oferecê-la pelo mundo inteiro, com o anseio de ser fiel ao caminho do amor.*

Nos momentos de dor profunda, em que você se encontra como Jesus em seu "Getsêmani", clame ao Pai do céu e ele, com seus anjos, o consolará, e a paz voltará ao seu coração.

No mais, Deus promete aos homens e mulheres que trabalham pela paz:

> Não poderá te fazer mal a desgraça, nenhuma praga cairá sobre tua tenda, pois ele dará ordem a seus anjos para te guardarem em todos os teus passos. Em suas mãos te levarão para que teu pé não tropece em nenhuma pedra (Sl 91,10-12).

Tendo Jesus cumprido completamente a vontade do Pai, torna-se fonte de paz infinita que da cruz irradia-se, levando o centurião a exclamar: "Na verdade, este homem era filho de Deus" (Mc 15,39).

Se tanto nos momentos de alegria quanto nos de aflição você for generoso na entrega ao plano de Deus, sendo instrumento de sua paz para seus amigos e para aqueles que se mostram inimigos, uma paz cada vez mais firme se arraigará em seu interior. Nos momentos em que lhe parecer que você está a ponto de perdê-la, a harmonia regressará por intermédio de pessoas que você menos espera.

Para refletir

"Quando me perguntaram sobre alguma arma
para neutralizar o poder da bomba atômica,
sugeri a melhor de todas: a paz."
(Albert Einstein)

"Onde há fé há amor; onde há amor há paz;
onde há paz está Deus; e onde Deus está nada falta."
(Anônimo)

Subindo a um lugar elevado

A cruz, em algumas etapas da existência do cristão, também pode ajudá-lo a subir ao alto do monte, a um lugar elevado. Assim, poderá *diferenciar o essencial na vida* daquilo que é acessório ou secundário. Começará, desse modo, a reajustar a ordem dos valores e prioridades.

Não obstante, ele só conseguirá isso se e quando não permanecer encerrado na própria dor, na cólera ou no ressentimento, e à medida que for se entregando ao Pai, nas situações de dor, pelas mãos de Jesus.

João Paulo II nos assinalou com sua palavra e exemplo que:

> É possível que a experiência do sofrimento desanime e deprima muita gente; porém, na vida de outros pode criar uma nova profundidade de humanidade: pode trazer nova força e nova intuição. O caminho para compreender este mistério é nossa fé.[11]

Depende do desejo de cada um o destino a dar às pedras que forem encontradas pelo caminho. Se as lançar para o alto, para Deus, elas cairão em sua própria cabeça; se as lançar contra os demais, de um modo ou de outro elas regressarão. Porém, se as colocar uma sobre outra aos pés de Cristo, no altar, construirá um monte elevado que o ajudará a subir cada vez mais alto e assegurar-se na paz das alturas.

Da mesma maneira, podemos refletir e seguir o exemplo dos alpinistas, que sobem as montanhas mais elevadas apoiando seus pés sobre um caminho de pedras, as quais, se não se mantiverem atentos, poderão fazê-los cair. Apóiam-se nelas para subir cada vez mais alto.

---

[11] João Paulo II, 30 de outubro de 1998.

Nós também poderemos escalar até o cume da santidade se não dermos às dificuldades importância maior do que têm, mas aprendendo com elas e nos fortalecendo na oração, que surge do estímulo de vida de nosso Senhor Jesus Cristo, de Maria e dos santos.

Para refletir

"Da cruz se contempla melhor o céu."
(Madre Adela Galindo)

Oferecendo a dor no altar

O altar, onde o sacerdote celebra a eucaristia, encontra-se no lugar mais elevado do templo. Dali é possível ver tudo o que acontece na igreja, as pessoas que entram e saem, e até perceber, se for receptivo, o estado de ânimo e de espírito dos fiéis. No altar, o sacrifício de Cristo na cruz se renova, amorosamente, a cada missa.

Na celebração da santa missa, o sacerdote eleva a patena e o cálice, que contêm o corpo e o sangue de Jesus, e pronuncia as seguintes palavras: "Por ele, com ele e nele, a ti, Deus Pai onipotente…".

Nesse momento, seria importante que você também elevasse suas mãos, como sinal da elevação espiritual de todo o seu ser e como símbolo de que está depositando no cálice e na patena, entre as mãos de Jesus, os problemas que o sufocam e toda a sua dor. Desse modo, Jesus levará tudo ao Pai, e você receberá, em troca, uma paz que antes não sentia, podendo anunciar, assim, com sóbria serenidade, como fez o apóstolo Paulo: "Alegro-me nos sofrimentos que tenho suportado por vós e completo, na minha carne, o que falta às tribulações de Cristo em favor do seu Corpo, que é a Igreja" (Cl 1,24).

Nossas cruzes de cada dia, unidas aos padecimentos de Cristo, nos assemelham mais a ele, que livremente abraçou a cruz por amor. Assim, o cristão já não sofre sem sentido, pois une seus sofrimentos aos de Cristo.

Somente à luz da fé e do amor podemos confiar em Deus e crescer em meio aos sofrimentos, na paz contínua, e estar, assim, cada vez mais preparados para levá-la àqueles que dela necessitam.

Por isso, são Paulo recorda que, nos momentos de cruz, você não deve desesperar-se, mas conservar a confiança e a serenidade, pois isso também passará:

Não tendes sido provados além do que é humanamente suportável. Deus é fiel, e não permitirá que sejais provados acima de vossas forças. Pelo contrário, junto com a provação ele providenciará o bom êxito, para que possais suportá-la (1Cor 10,13).

Este texto bíblico poderia ser ilustrado com o seguinte conto:

A mensagem

Era uma vez um rei que disse aos sábios da corte: "Estou fabricando para mim mesmo um precioso anel. Consegui um dos melhores diamantes possíveis. Quero guardar oculta, no interior do anel, uma mensagem que possa me ajudar nos momentos de total desespero e que seja útil aos meus herdeiros e aos herdeiros dos meus herdeiros, para sempre. Deve ser uma mensagem pequena, de modo que caiba debaixo do diamante do anel".

Todos os que ouviram eram sábios, grandes eruditos, e poderiam ter escrito grandes tratados, porém deviam oferecer-lhe uma mensagem com não mais de duas ou três palavras, que o pudessem socorrer em momentos de desespero. Pensaram, buscaram em seus livros, mas não conseguiram encontrar nada.

O rei tinha um servo ancião, que também fora servo de seu pai. A mãe do rei havia morrido cedo, e este servo cuidara dele; portanto, era tratado como se fosse da família.

O rei sentia imenso respeito pelo ancião, de modo que também o consultou. E este lhe explicou: "Não sou sábio, nem erudito, nem acadêmico, mas conheço a mensagem. Durante minha longa vida no palácio, encontrei-me com todo tipo de gente e, em certa ocasião, conheci um místico. Era convidado de seu pai, e estive a seu serviço. Quando estava de partida, como gesto de agradecimento, ele me entregou esta mensagem". O ancião a escreveu em um minúsculo pedaço de papel, dobrou-o e o entregou ao rei. "Não leia", disse. "Mantenha-o escondido no anel. Abra-o somente quando tudo mais tiver fracassado, quando não encontrar saída para a situação em que se encontrar".

Este momento não demorou a chegar. O país foi invadido, e o rei perdeu o reino. Perseguido pelos inimigos, teve de fugir em seu cavalo para salvar a própria vida. Estava sozinho e os perseguidores eram muitos. Chegou a um lugar onde o caminho acabava: à frente havia um precipício e um vale profundo; cair nele seria o fim. Não podia voltar, porque o inimigo lhe fechava o caminho. Já ouvia o tropel dos cavalos. Não podia seguir em frente e não havia nenhum outro caminho.

De repente, lembrou-se do anel. Abriu-o, tirou o papel e leu uma pequena mensagem tremendamente valiosa: "Isto também passará".

Enquanto lia "isto também passará", sentiu que caía sobre ele um grande silêncio. Os inimigos que o perseguiam deviam ter-se perdido no bosque ou errado o caminho, mas o certo foi que, pouco a pouco, deixou de escutar o tropel dos cavalos. O rei sentiu-se profundamente agradecido ao servo e ao místico desconhecido.

Aquelas palavras acabaram por se tornar milagrosas. Dobrou o papel, recolocou-o no anel, reuniu seus exércitos e reconquistou o reino. No dia em que entrava novamente vitorioso na capital, houve uma grande celebração com música e dança... e ele se sentia muito orgulhoso de si mesmo.

O ancião estava a seu lado no carro e lhe recomendou: "Este momento também é adequado. Volte a ler a mensagem".

"Que quer dizer?", perguntou o rei. "Agora sou vitorioso, o povo celebra minha volta, não estou desesperado, não me encontro em uma situação sem saída."

"Ouça", respondeu o ancião, "esta mensagem não é somente para situações de desespero;

é também para situações de prazer. Não é somente para quando você estiver derrotado; é também para quando se sentir vitorioso. Não é somente para quando você for o último; é também para quando for o primeiro".

O rei abriu o anel e leu a mensagem: "Isto também passará", e novamente sentiu a mesma paz, o mesmo silêncio, em meio à multidão que celebrava e dançava, porque o orgulho e o ego haviam desaparecido. O rei compreendeu a mensagem. Havia-se iluminado.

Então, o ancião acrescentou: "Lembre-se de que tudo passa. Nada, nem nenhuma emoção, é permanente. Como o dia e a noite, há momentos de alegria e momentos de tristeza. Aceite-os como parte da dualidade da natureza, porque são a própria natureza das coisas.[12]

João Paulo II, apóstolo da paz

*A paz exige quatro condições essenciais:
verdade, justiça, amor e liberdade.*
(João Paulo II)

Ao papa João Paulo II não foi concedido o Prêmio Nobel da Paz, embora tenha sido, sem dúvida, um dos que lutaram por ela com maior

---

[12] Autor desconhecido.

empenho ao longo de toda a sua vida e, especialmente, ao longo de todo o seu pontificado. Entretanto, isso não o impediu de continuar insistindo na paz em suas várias dimensões,[13] em todos os momentos em que lhe foi possível.

Em uma das tantas ocasiões em que nos animou a ser sentinelas da paz, ele disse:

> Nós, cristãos, de modo particular, somos chamados a ser "sentinelas da paz" nos lugares em que vivemos e trabalhamos. Isto é, pede-se-nos que vigiemos, para que as consciências não cedam à tentação do egoísmo, da mentira e da violência.[14]

Nós, cristãos, como sentinelas da paz, temos a missão de estar atentos e vigilantes, para descobrir os corações e os âmbitos nos quais ainda reina o egoísmo, de modo a tratar de instalar ali o amor voluntário e gratuito de Deus.

Nós, cristãos, como sentinelas da paz, temos de saber perceber os espaços em que ainda predomina a mentira, para semear ali, com a doçura e, ao mesmo tempo, com a firmeza do Espírito Santo, a verdade do Evangelho.

---

[13] Dimensão interior e interpessoal: na família, nos diversos âmbitos da sociedade, no mundo.

[14] João Paulo II, alocução no *Angelus*, 23 de fevereiro de 2003.

Nós, cristãos, como sentinelas da paz, temos de saber descobrir os ninhos de violência, para que, pela mansidão e amor de Cristo, possamos transformar toda a sociedade e trabalhar eficazmente para levar a paz àqueles que o Senhor nos indicar...

Para meditar

a) O crente, como "sentinela da paz", deve ter um grande desejo de bem comum, especialmente em relação aos que mais sofrem.

1. Existe esse desejo em sua mente e em seu coração?
2. Em que âmbitos você o concretiza?
3. Com quem e de que maneira?

b) Reserve uns 15 minutos para pedir ao Espírito Santo que lhe mostre, em seu interior, os rostos daquelas pessoas, próximas ou distantes, que não têm paz. Rogue a Deus que as liberte de todo mal e as abençoe.

Para refletir

"Tu lhe conservas a paz,
porque em ti ela confia."
(Is 26,3)

"Sobre os cumes reina a paz ."
(Goethe)

CAPÍTULO **2**

Faróis de paz

O povo que ficava nas trevas viu uma grande luz,
para os habitantes da região sombria da morte
uma luz surgiu.
(Mt 4,16)

Que ninguém apague a luz que há em você. Que melhor serviço pode oferecer o cristão ao Reino de Deus que ser *sentinela e portador da chama sagrada da paz*?

O caminhar pela vida com essa atitude de liberdade interior e de serenidade parece coisa de loucos.

Todos os dias vemos os irmãos, com armas nas mãos, matando-se uns aos outros. Encontramos violência nas ruas e em muitos lugares. A rivalidade e o ódio parecem imperar em muitas esferas. Tudo isto surge da falta de paz no coração dos homens.

Para refletir

"A paz faz crescer as coisas pequenas;
a discórdia destrói as grandes."
(Salústio, senador romano)

Com maior razão, hoje mais que nunca, o cristão deve fazer todo o possível para ver, em profundidade, com a luz do Senhor, as complexas causas do que se opõe à verdadeira concórdia entre os irmãos e não permitir que nada nem ninguém apague, em sua alma, o anseio de levar pelo mundo a chama da esperança e da paz.

A esse respeito, a reflexão sobre o seguinte relato irá nos ajudar.

Levando a chama sagrada

Um cruzado estava ajoelhado na igreja do Santo Sepulcro de Jerusalém para se despedir. Entregou ao sacerdote sua lâmpada. Este a acendeu com a luz da lâmpada do Santo Sepulcro, abençoou-a e também o cruzado. Ele montou em seu cavalo e, com alegria, iniciou o caminho para casa.

O cavaleiro havia feito um voto: levar a luz do Santo Sepulcro do Ressuscitado até a igreja de sua cidade natal, em penitência por uma falta muito grave. Não imaginava quão difícil seria cumprir sua promessa.

Atacaram-no grupos inimigos. Ele pôs a lâmpada sob o braço esquerdo. Com a mão direita, empunhou a espada e enfrentou seus inimigos. Estes viram a chama rutilante sob o braço do cavaleiro e pensaram que fosse uma arma secreta. Dispersaram-se em uma fuga desenfreada.

O cruzado chegou a um rio profundo. Não havia ponte nem ninguém que o pudesse levar ao outro lado. Disse a seu cavalo umas palavras de alento e ofereceu-lhe uns grãos de trigo. Em seguida, arriscou-se a cruzar montado sobre ele. Sustentava a lâmpada acima de sua cabeça. Ela não podia apagar. O cavalo lutou com valentia contra a correnteza e alcançou a outra margem. A lâmpada continuava acesa. Desse modo, esquivou-se de muitos perigos.

Ao meio-dia, chegou a uma casinha solitária. Aproximou-se na esperança de encontrar ali um poço de água para si e seu cavalo. Ao entrar, descobriu uma senhora pobre e doente. Delirava de febre e tremia de frio sobre o catre desgastado.

O cruzado lhe falou carinhosamente e lhe deu de comer. Ela descreveu seu sofrimento. O fogo da lareira havia se apagado e ela não tinha forças para acendê-lo. Por isso, durante as noites geladas havia adoecido de pneumonia. Nem sequer era capaz de se levantar para preparar um chá. O cruzado lhe contou sobre o fogo sagrado que levava e, com ele, acendeu a lareira. Quando ela melhorou, continuou seu caminho.

Uma noite, ele se pôs a dormir à beira de um bosque profundo. Na escuridão, passou uma ave noturna e tombou sua lâmpada. O fogo do Santo Sepulcro se apagou. Quando o cavaleiro despertou pela manhã, dirigiu seu olhar para a lâmpada. Estava escura. Invadiu-lhe um terrível temor: será que estava tudo perdido?

Então se lembrou da velhinha que havia deixado lá atrás com a chama sagrada em seu lar. Não lhe restava outra alternativa senão voltar. E se a mulher tivesse deixado a chama se apagar? À tarde, chegou à casinha solitária. A mulher o saudou com alegria e lhe mostrou a lareira acesa: "A lareira continua queimando". O cavaleiro tinha os olhos marejados de lágrimas. Havia ajudado seu próximo. Ali continuava acesa a luz sagrada. Com extremo cuidado, acendeu sua lâmpada com o fogo do Santo Sepulcro na lareira da casinha solitária.

Muitas vezes o cavaleiro viveu cenas alegres. Em uma cidade, vieram-lhe ao encontro os sacerdotes; em outra, os fiéis, pedindo-lhe que acendesse com sua luz sagrada as velas da igreja. Então, deixou atrás de si uma cadeia de *luz com a chama sagrada de Jerusalém. Quando regressou a sua terra, receberam-no, à entrada do povoado, em solene procissão. Com as mãos elevadas, o cavaleiro transportou o fogo sagrado do Santo Sepulcro de Jesus até o altar.[1]*

No início deste relato, menciona-se que o cruzado estava ajoelhado na igreja do Santo Sepulcro para receber o fogo sagrado. Isso quer dizer que *somente pode receber a chama da paz interior aquele que se faz humilde, que se prostra interiormente diante de Deus, reconhecendo a própria fragilidade.*

Por isso o apóstolo Paulo adverte:

De fato, irmãos, reparai em vós mesmos, os chamados: não há entre vós muitos sábios de sabedoria humana, nem muitos poderosos, nem muitos de família nobre. Mas o que para o mundo é loucura, Deus o escolheu para envergonhar os sábios, e o que para o mundo é fraqueza, Deus o escolheu para envergonhar o que é forte. Deus escolheu o que no mundo não tem nome nem prestígio, aquilo que é nada, para assim mostrar a nulidade dos que são alguma coisa. Assim, ninguém poderá gloriar-se diante de Deus (1Cor 1,26-30).

---

[1] Autor desconhecido.

Nosso Senhor nos recorda que: "Quem se exalta será humilhado, e quem se humilha será exaltado" (Lc 18,14).

Somente o homem e a mulher de coração humilde conseguem levar a tocha da presença pacificadora de Cristo àqueles que encontram em seu caminhar diário.

O relato também nos narra como essa tocha, que simboliza a paz de Deus, é entregue no Santo Sepulcro de Jerusalém. Este é o lugar a partir do qual Jesus, Príncipe da Paz, se levantou ressuscitado, para levá-la a todos aqueles que a buscam, dia a dia, de coração sincero, e se esforçam por transmiti-la a seus irmãos.

Para refletir

"Quanto mais se aperfeiçoa o homem,
mais vê suas próprias imperfeições.
A humildade é o verdadeiro
conhecimento do homem."
(Tommaseo)

"Viva a bendita luz, fruto do
primogênito raio celestial"
(John Milton)

Receba a luz de Cristo

O relato também nos ajuda a compreender melhor o que significa, no início da vigília pascal, a bênção do fogo novo. Nesse dia, comemora-se a ressurreição de Cristo. Em uma pequena fogueira, após abençoar o fogo, o sacerdote acende o Círio pascal. Em seguida, ingressa no templo, que está escuro, porque as luzes foram propositadamente mantidas apagadas; enquanto isso, em alguns templos, entoa-se o cântico: "Esta é a luz de Cristo".

Toda essa simbologia nos fala da passagem das trevas da inquietude à luz da harmonia cristã. As trevas simbolizam o pecado e a perturbação que ele produz, e também a morte; a luz simboliza Cristo ressuscitado, Príncipe da Paz.

Em geral, na primeira parada os ministros que acompanham o celebrante costumam acender suas velas; na segunda, fazem-no os paroquianos; na terceira, acendem-se todas as luzes da igreja. Na seqüência, o sacerdote entoa a *proclamação pascal*, que, como ela mesma afirma, é o ponto culminante da liturgia da luz, para proclamar a expansão da luz no mundo, capaz de dissipar as trevas do mal.

Esse é um processo gradual, em que o primeiro fogo é abençoado e no qual, como já vimos, se acende o Círio pascal. Nele, os cristãos mais próximos do sacerdote acendem suas velas e vão partilhando o fogo com os outros irmãos que estão mais distantes, para que também eles possam acender suas velas, até então apagadas, e, assim, iluminar o lugar onde se encontram.

Dessa maneira, a igreja que, no início da celebração, se encontrava submersa na escuridão vai-se iluminando cada vez com mais intensidade.

Aos poucos, começa a aparecer tudo o que nos rodeia: as altas paredes do templo, os bancos onde nos sentaremos, os rostos dos que estão junto de nós. Todos esses elementos que, sem a luz, não conseguíamos distinguir e que, no entanto, na escuridão estavam diante de nós, agora surgem ante os presentes mostrando suas cores e formas.

Do mesmo modo, a luz de paz que brilha no coração do cristão lhe permite ver com prazer as realidades admiráveis que o rodeiam; com compreensão, as misérias da vida; com ânimo, as dificuldades da existência; com criatividade, os desafios que há de vencer.

Definitivamente, a liturgia da luz, tão expressiva, nos ajuda a compreender melhor que de Cristo ressuscitado surge a paz, que ilumina a vida dos homens, e que cada um de nós tem a sagrada tarefa de transmitir essa irradiação luminosa aos demais.

Deveríamos aprender com os vaga-lumes que, com sua luz, embelezam a noite. Um vaga-lume não ilumina todo o caminho, mas todos eles juntos estrelam uma noite.

Para refletir

"O homem foi feito não apenas para ver a luz,
mas também para ver as coisas que a luz ilumina."
(Goethe)

A luz no batismo

Sejais irrepreensíveis e íntegros,
filhos de Deus sem defeito,
no meio de uma geração má e perversa,
na qual brilhais como luzeiros no mundo,
apegados firmemente à palavra da vida.
(Fl 2,15-16)

Desde o momento em que fomos incorporados à Igreja pelo batismo, recebemos o chamado a nos inundarmos da luz de Deus para levá-la aos outros.

45

Durante a celebração do sacramento do batismo, também se encontra aceso o Círio pascal. Os pais e padrinhos da criança recebem uma vela. Quase ao final da cerimônia, o celebrante os convida a aproximarem-se do Círio. Então, entrega ao pai ou ao padrinho a luz tomada do Círio pascal, que representa Cristo ressuscitado, luz do mundo. Recorda-lhes que todos estamos comprometidos em manter viva essa luz da fé infundida no batismo. Nesse momento, o celebrante lhes diz:

A vós, pais e padrinhos, é confiada a tarefa de acrescentar esta luz. Que seus filhos, iluminados por Cristo, caminhem sempre como filhos da luz. E, perseverando na fé, possam sair com todos os santos ao encontro do Senhor.[2]

Também o *Catecismo*, quando se refere a esse sacramento, nos recorda: "A vela, acesa no Círio pascal, significa que Cristo iluminou o neófito. Em Cristo, os batizados são 'a luz do mundo' (Mt 5,14; Fl 2,15)".

Entretanto, somente com nossas forças não seremos capazes de manter acesa a luz de Deus, nem a levar aos outros. Qualquer vento de tentação ou adversidade poderia apagá-la. Temos

---

[2] Cf. Ritual do batismo, sacramental romano.

necessidade de clamar diariamente que nos venha o poder do Espírito Santo. Isso o reafirmou o papa Paulo VI:

> Nunca será possível haver evangelização sem a ação do Espírito Santo. Sobre Jesus de Nazaré, esse Espírito desceu no momento do batismo, ao mesmo tempo em que a voz do Pai [declarou]: "Este é o meu Filho amado, em quem me comprazo".[3]

A experiência mostra que só podemos reconhecer o rosto de quem está ao nosso lado como sendo o rosto de Cristo se o contemplarmos à luz do amor pacificador de Cristo ressuscitado.

Ser luz do mundo

Deus disse: "Faça-se a luz!".
E a luz se fez.
(Gn 1,3)

Jesus anunciou: "Vós sois a luz do mundo" (Mt 5,14). Por isso cada cristão, como sentinela da paz, é encarregado de iluminar a noite das almas, corrigi-las e transformar esse calor em vida, vida nova, vida pura, vida eterna...

---

[3] PAULO VI. *Evangelii nuntiandi*, n. 75.

Para conservar a chama da paz acesa em seu peito, de nada servem os entusiasmos passageiros; será preciso defendê-la todos os dias daqueles que a querem apagar. Será preciso realizar, até o fim, a tarefa que Deus lhe encomendou, como membro de seu povo eleito.

Assim como o sacerdote do relato entregou ao cavaleiro a tocha com a luz sagrada, e este ofereceu desse fogo à pobre anciã, igualmente deve o cristão, como tarefa primordial, transmitir a paz de Deus a todos os que encontrar em sua peregrinação diária pela vida.

Quando o cavaleiro percebeu que sua lâmpada tinha se apagado, compreendeu que o melhor que fizera ao longo de todo o caminho havia sido repartir seu fogo com a senhora pobre e enferma, pois, através dela, pôde recuperar o fogo sagrado quando o acreditava definitivamente perdido.

"Pois qualquer coisa que se faça pelo menor de seus irmãos não ficará sem recompensa" (cf. Mt 10,42).

Quem quiser guardar a paz para si mesmo descobrirá que ela vai se tornar rançosa, diferente da paz de Jesus.

A paz de uns com os outros

Jesus Cristo se apresenta como um Deus de paz. Portanto também nós, seus discípulos, devemos viver em sintonia com ele; não apenas para preservar nossa relação com o Senhor em ótimas condições, fazendo a sua vontade, mas também para acender uma luz na escuridão, sendo promotores da paz nesta terra, onde isso faz tanta falta.

Quando o cristão tem o ideal de viver em paz com Deus, consigo mesmo e com os outros, e persevera na consecução dessa meta, sentirá prazer ao perceber que a paz vai-se construindo de modo ativo, dia após dia. Então será como uma luz que ilumina na escuridão e mostrará o rumo aos que tiverem se extraviado por causa do ódio, do aborrecimento ou da tristeza.

Para refletir

"Os ideais assemelham-se às estrelas,
porque nunca os alcançamos, mas,
como os navegantes, conduzimos por meio deles
o rumo de nossas vidas."
(Albert Schweitzer)

Em uma sociedade em que há tanta violência, deixando as pessoas fragilizadas a ponto de se alterarem com muita facilidade, por qualquer desacordo ou contradição, são indispensáveis os cristãos pacificadores para transformá-la. Eles são como um farol ou um céu estrelado que, em um mar agitado, indicam um rumo novo aos violentos e àqueles que não têm serenidade em direção ao mar sereno do amor de Deus.

Cabe a nós, crentes em Jesus Cristo, atuar como faróis ou tochas em meio a um mundo de tanta confusão.

Reflitamos sobre o relato a seguir, que nos pode animar a acender essa luz.

O veleiro perdido

O veleiro havia partido cheio de euforia e esperança do porto de Buenos Aires em direção ao Pacífico. Porém, ao chegar a determinado ponto, não tinha outra alternativa senão margear a terra até alcançar a passagem que, através do Cabo Horn, permitiria virar à direita rumo ao oceano. Por isso, apontou-se, com segurança, a proa para o sul, embora a meta fosse o oeste.

Entretanto, não houve mudança de direção, ou porque estivesse navegando com as velas demasiadamente estendidas, ou por ser noite quando se deslocou diante da passagem. Na melhor das hipóteses, acontecera durante uma tormenta. Não sei. O certo é que continuou rumo ao sul, rumo ao frio, rumo ao pólo.

O erro foi se transformando em dúvida à medida que atingia a consciência dos marinheiros. Uma vez plenamente instalada, a dúvida transformou-se em angústia.

O pobre veleiro encontrava-se rodeado por blocos de gelo, pelo frio, pelas tormentas e por um sol distante que cada vez se afastava do horizonte. Foi então que se teve consciência de ter errado o rumo; de estar navegando em direção ao nada, ao vazio do frio e da morte. Investigou-se a bússola: ela, porém, havia enlouquecido, porque no pólo as bússolas enlouquecem e começam uma dança que contagia os marinheiros.

Já não fazia sentido continuar. Para quê, se o esforço para seguir em frente só os levava em direção ao frio da morte? Tudo ficava ainda mais complicado em meio aos blocos de gelo, à escuridão e às tormentas.

Quis-se indagar às estrelas. Estas giravam em círculos ao redor de um pólo cósmico *invisível, semelhante aos albatrozes que revoluteavam junto ao mastro do veleiro. No pólo, as estrelas não nascem nem morrem, simplesmente se deslocam eqüidistantes rumo ao horizonte. Ali, próximo ao pólo, voltar a proa a uma estrela era simplesmente girar sobre si mesmo.*

Assim, não haveria nada, nem no barco nem no céu, que fosse capaz de lhes devolver o rumo? O fato de desconhecer onde se estava tirava todo o sentido do que se tinha. Os grandes pontos de referência eram ambíguos. No pólo, tudo é ambíguo, até o próprio movimento.

Foi então que foi recebida a mensagem. Três curtos... um longo... silêncio. Três curtos... um longo... silêncio. Três...

O brilho intermitente despertou a curiosidade daqueles homens ávidos por sinais. Não. Não podia ser uma estrela, porque esse brilho estava ali, sobre a mesma linha horizontal deles. Participava do movimento das mesmas ondas, rodeado pelos mesmos blocos de gelo e pelo mesmo desamparo do frio e das tormentas. Tinha de ser um sinal de presença humana. Era um farol.

O farol continuava fiel ao ritmo de suas intermitências: três curtos... um longo... silêncio. Três curtos...

Os marinheiros, aturdidos pelo ruído e pela tormenta que silvava no cordame de seus mastros, prefeririam que, no lugar desse silêncio, o farol lhes enviasse uma palavra com a qual se identificassem e os situasse. O farol, em sua solidão, tinha apenas um meio para se comunicar e manifestar sua identidade: a fidelidade ao ritmo de suas intermitências. E continuou lançando sobre a tormenta, as ondas e as geleiras sua mensagem de luz envolta em silêncio.

Desembarcar no farol? Era impossível. Nessas latitudes, os faróis estão colocados sobre recifes. A palavra esperada estava oculta no silêncio do próprio veleiro, porque entre seus bens havia um livro de faróis. Foi ali que os marinheiros identificaram a mensagem desse farol; e graças à fidelidade precisa e silenciosa a suas intermitências, reconheceram um ponto de referência para sua própria posição. Então, cada fato, antes incoerente, contribuiu com sua frágil mensagem provisória: a posição do sol no horizonte, a hora do relógio, a dança da bússola e até as próprias estrelas.

Percebeu-se que a proa estava voltada para o pólo; deu-se meia-volta e, assim, os marinheiros souberam que o veleiro havia se salvado. Ou, melhor, para este veleiro começava a oportunidade de salvar-se.

Essa profunda conversão aparentemente não havia modificado nada de concreto na navegação. Continuavam rodeados por geleiras, ondas e ventos. Sua mudança não havia alterado a geografia; simplesmente os havia colocado com a proa voltada para uma nova direção. Antes, avançavam para a morte, para o frio do pólo e do nada. Agora navegavam para a luz, para a vida, para o encontro com os demais. Estavam regressando a seu povo, afastando-se do reino das sombras. Além disso, os dois rumos participavam ainda do mesmo meio externo; e talvez o esforço para manter a marcha fosse ainda maior que o anterior, porque era preciso fazer frente a tudo aquilo que os havia conduzido até ali. A diferença, porém, estava em que agora os esforços tinham sentido por conduzir à vida. Entre os navegantes, o que desanima não é ter de fazer esforços, mas que esses esforços sejam gestos vazios de sentido.

Pouco a pouco, foi ficando para trás toda a geografia polar. As estrelas foram inclinando suas órbitas buscando o horizonte, e a bússola foi se estabilizando. Assim, retornaram ao mundo das exigências normais da navegação à vela. Continuaram navegando com fidelidade a esta rota: a proa voltada para onde morre o sol.

Lá ficou o farol, exigido pela fidelidade ao ritmo de suas intermitências, à sua geografia polar e a seu silêncio. O mistério pessoal do farol requer fidelidade a seu recife e um profundo respeito pela rota pessoal de cada navegante. O que não impede que, às vezes, sofra de nostalgia ao recordar os veleiros.[4]

Todo aquele que vive sem Cristo no coração está em trevas e navega num mar de dúvidas e inquietude. Cristo é a luz que ilumina o interior do ser humano.

> Dar a conhecer Jesus Cristo e o seu Evangelho àqueles que não os conhecem é, precisamente, a partir da manhã do Pentecostes, o programa fundamental que a Igreja assumiu como algo recebido do seu Fundador.[5]

---

[4] MENAPACE, Mamerto. *Historia de un faro*. Editorial Patria Grande.

[5] PAULO VI. *Evangelii nuntiandi*, n. 51.

Assim, como o barco do relato, são inúmeros os homens e mulheres de nosso tempo que estão em busca do rumo que os leve à paz.

E assim como o farol, você pode, a partir da fidelidade diária a Deus e à tarefa atribuída por ele, guiar esses irmãos para que encontrem, em Deus, o sentido de suas vidas e a calma que mana da tocha ardente que é o coração de nosso salvador Jesus Cristo.

Exercícios de oração

- À luz da Palavra de Deus, peça ao Espírito Santo preencha todo o seu ser com esse fogo sagrado do Pentecostes.
- Peça-lhe, com confiança, que lhe dê a perspicácia necessária para descobrir as pessoas a quem o Senhor o envia a partilhar essa luz e guiá-las à luz.
- Você também pode, a cada manhã, antes de sair para o trabalho ou de iniciar as tarefas diárias, escolher uma das citações a seguir como motivação para toda a jornada. Transcreva-a e leve-a consigo para meditar em um momento livre. Ao fim da jornada, examine se em seu interior aumentou a luz de Deus.

Citações bíblicas para meditar

Esta era a luz verdadeira
que, vindo ao mundo, a todos ilumina.
(Jo 1,9)

Eu sou a luz do mundo.
Quem me segue não caminha nas trevas,
mas terá a luz da vida.
(Jo 8,12)

Lâmpada para meus passos é tua palavra
e luz no meu caminho.
(Sl 119,105)

Eu vim ao mundo como luz,
para que todo aquele que crê em mim
não permaneça nas trevas.
(Jo 12,46)

Com efeito, Deus, que disse:
"Do meio das trevas brilhe a luz",
é o mesmo que fez brilhar a luz
em nossos corações,
para que resplandeça
o conhecimento da glória divina
que está sobre a face de Jesus Cristo.
(2Cor 4,6)

Mas tudo que é denunciado
é manifestado pela luz;
e tudo o que é manifestado
torna-se claro como a luz.

Eis por que se diz:
"Desperta, tu que estás dormindo,
levanta-te dentre os mortos,
e Cristo te iluminará".
(Ef 5,13-14)

Deus é luz e nele não há trevas.
Se dissermos que estamos
em comunhão com ele,
mas caminhamos nas trevas,
estamos mentindo
e não praticamos a verdade.
Mas, se caminhamos na luz,
como ele está na luz,
então estamos em comunhão
uns com os outros,
e o sangue de Jesus, seu Filho,
nos purifica de todo pecado.
(1Jo 1,5-7)

Com alegria dai graças ao Pai
que vos tornou dignos
de participar da herança dos santos, na luz.
Foi ele que nos livrou do poder das trevas,
transferindo-nos para o reino
do seu Filho amado,
no qual temos a redenção,
o perdão dos pecados.
(Cl 1,12-14)

Vós sois a luz do mundo.
Uma cidade construída sobre a montanha
não fica escondida.
Não se acende uma lâmpada
para colocá-la
debaixo de uma caixa,
mas sim no candelabro,
onde ela brilha para todos os que estão em casa.
Assim também brilhe a vossa luz
diante das pessoas,
para que vejam as vossas boas obras
e louvem o vosso Pai que está nos céus.
(Mt 5,14-16)

A lei do Senhor é perfeita,
conforto para a alma;
o testemunho do Senhor é verdadeiro,
torna sábios os pequenos.
(Sl 19,8)

A revelação das tuas palavras ilumina,
dá sabedoria aos simples.
(Sl 119,130)

O Senhor é minha luz e minha salvação;
de quem terei medo?
O Senhor é quem defende a minha vida;
a quem temerei?
(Sl 27,1)

*Pois em ti está a fonte da vida
e à tua luz vemos a luz.*
(Sl 36,10)

*Envia tua luz e tua fidelidade:
que elas me guiem, me conduzam
ao teu monte santo, à tua morada.*
(Sl 43,3)

*Surge nas trevas como luz para os justos,
ele é bom, misericordioso e justo.*
(Sl 112,4)

*Mas vós sois a gente escolhida,
o sacerdócio régio,
a nação santa, o povo que ele conquistou,
a fim de que proclameis os grandes feitos
daquele que vos chamou das trevas
para a sua luz maravilhosa.*
(1Pd 2,9)

Oração

*Senhor Deus, salvador nosso, dá-nos tua
ajuda para que sempre desejemos as obras da
luz e realizemos a verdade: assim, nós que de ti
nascemos pelo batismo, seremos tuas testemu-
nhas diante dos homens. Amém.*[6]

---

[6] *Liturgia das Horas*, laudes, quarta-feira, I semana.

Conclusão

Filha, a tua fé te salvou.
Vai em paz e fica livre da tua doença.
(Mc 5,35)

Todos os dias, a sua volta, há pessoas desesperadas, pois, em meio ao sofrimento, pensam que não existe saída. Mesmo que lhe pareça muito o que precisa ser feito e que o desafio o supera, não desanime, não perca o entusiasmo e a esperança.

Como seguidor de Cristo, você não deve perder a esperança em nenhum momento, pois ela tem o fogo para acender a paz, a fé e até o amor naqueles irmãos que estão quebrantados pela dor.

Partilhemos este último relato.

A esperança

Quatro velas iluminavam com delicadeza o ambiente. Eram elas: a Paz, o Amor, a Esperança e a Fé. O local era tão silencioso que se podia ouvir o diálogo entre elas.

A primeira vela disse: "Eu sou a Paz! No entanto, as pessoas não conseguem me manter. Acho que vou apagar". Assim, diminuindo seu fogo rapidamente, apagou-se por completo.

A segunda vela anunciou: "Eu sou a Fé! Infelizmente, não sou apreciada. As pessoas não querem saber de mim. Não tem sentido permanecer acesa". Quando terminou de falar, uma brisa passou suavemente sobre ela, extinguindo-a.

Resoluta e triste, a terceira vela manifestou-se: "Eu sou o Amor! Não tenho forças para continuar acesa. As pessoas me deixam de lado e não percebem a minha importância. Esquecem-se até dos que estão muito próximos a elas". E, sem mais esperar, apagou-se.

De repente, entrou um menino e viu as três velas apagadas. "Que é isto? Vocês deveriam permanecer acesas até o fim!" Ao dizer isso, começou a chorar.

Então a quarta vela falou: "Não tenha medo. Enquanto eu tiver fogo, podemos acender as outras velas. Eu sou a Esperança!".

Com os olhos brilhantes, o menino pegou a Esperança e acendeu as demais: Paz, Fé e Amor.[1]

---

[1] Autor anônimo.

Que não se apague a esperança

Querido leitor, que a esperança nunca se apague no seu interior e que, assim, você possa ser a ferramenta de Deus de que o mundo necessita para manter a fé, a paz e o amor.

Se você tiver encontrado seu lugar como cristão, o lugar designado por Deus para ser sua sentinela, seu farol, sua estrela ou sua tocha... se tiver perseverado e mantido o ritmo de iluminar, até mesmo quando aparentemente ninguém se beneficiava de sua luz... chegará então o momento em que você compreenderá que foi instrumento de Deus para salvar a vida de muitas pessoas.

Muita gente, graças à luz que brilha em você, terá encontrado o caminho para a fé.

Muitos, graças ao brilho do seu coração, terão recuperado a esperança.

Muitos, graças à sua luminosidade, voltarão a confiar no amor.

Muitos, graças à beleza divina que flui de você, começarão a reconstruir suas vidas a partir das cinzas e saberão o que é a paz de Deus.

Siga em frente, portanto, mesmo em meio às dificuldades. Não desanime! Deus precisa de você, muito mais do que possa imaginar.

Oração pela Paz[2]

(A)

Deus de infinita misericórdia e bondade,
com coração agradecido, invocamos-te
hoje em nossa terra.

Que tua voz ressoe no coração
de todos os homens e mulheres,
quando os chamares a seguir
o caminho de reconciliação e paz,
e que sejamos misericordiosos como tu.

Senhor, tu diriges palavras de paz
a teu povo e a todos os que
se convertem a ti de coração.
Pedimos-te por todos os teus filhos.

Ajuda-os a derrubar as barreiras
da hostilidade e da divisão e a construir juntos
um mundo de justiça e solidariedade.

(B)

Senhor, tu crias céus novos e uma terra nova.
Encomendamos-te aos jovens da terra.

---

[2] Esta oração foi rezada pelo papa João Paulo II para pedir pela paz no Oriente Médio. Modifiquei-a em alguns pontos a fim de que possa ser aplicada a todas as culturas.

Em seu coração,
aspiram a um futuro mais luminoso;
fortalece sua decisão de serem homens
e mulheres de paz
e arautos de uma nova esperança
para seus povos.

(C)

Pai, tu fazes germinar a justiça na terra.
Pedimos-te pelas autoridades civis,
para que se esforcem por satisfazer
os justos anseios de seus povos
e eduquem os jovens na justiça e na paz.

Impulsiona-os a trabalhar generosamente
pelo bem comum e a respeitar
a dignidade inalienável de toda pessoa
e os direitos fundamentais que derivam
da imagem e semelhança do Criador,
impressa em todo ser humano.

Concede-lhes sabedoria,
clarividência e perseverança;
não permite que desanimem
em sua árdua tarefa de construir
a paz duradoura,
pela qual anseiam todos os povos.

(D)

Pai celestial, neste lugar,
pedimos-te por todos os que crêem
no Evangelho de Jesus Cristo.
Guia seus passos na verdade e no amor.
Faz com que sejam um, como tu és um
com o Filho e o Espírito Santo.

Que testemunhem a paz que supera
todo conhecimento e a luz que triunfa
sobre as trevas da hostilidade,
do pecado e da morte.

(E)

Senhor do céu e da terra,
criador da única família humana,
pedimos-te pelos seguidores
de todas as religiões.

Que busquem tua vontade na oração
e na pureza do coração
e adorem e glorifiquem teu santo nome.

Ajuda-os a encontrar em ti a força
para superar o medo e a desconfiança,
para que cresça a amizade
e vivam juntos em harmonia.

(F)

Pai misericordioso,
que todos os crentes encontrem a valentia
de perdoarem-se uns aos outros,
a fim de que se curem as feridas do passado
e não sejam um pretexto
para novos sofrimentos no presente.
À mãe de Jesus,
a sempre bem-aventurada Virgem Maria,
confiamos todos os homens e mulheres.

Que, ao seguir seu exemplo,
escutem a Palavra de Deus
e tenham respeito e compaixão pelos demais,
especialmente pelos que lhes são diferentes.

Que, com um só coração e uma só mente,
trabalhem para que todo o mundo seja
uma verdadeira casa para todos os seus povos.
Paz! Paz! Paz!

Amém.

(Papa João Paulo II)

Oração de cura e libertação
a fim de crescer na paz interior[3]

Senhor Jesus, tu vieste curar
os corações feridos e atribulados,
para enchê-los de tua luz; rogo-te que cures
os traumas que provocam perturbações
em meu coração;
rogo-te, em especial, que cures
aqueles que são causa de pecado
e que assim expulses toda escuridão
que possa existir em meu coração.

Peço-te que, com tua luz,
entres em minha vida e me cures
dos traumas psíquicos que me afetaram
em tenra idade
e das feridas que provocaram
ao longo de toda a minha vida.

Senhor Jesus, tu conheces meus problemas;
ponho-os todos em teu coração de bom pastor.

Rogo-te, em virtude daquela grande chaga
aberta em teu coração, que cures
as pequenas feridas que há no meu.

---

[3] Síntese de uma oração escrita pelo padre Gabriel Amorth, exorcista da diocese de Roma, fundador e presidente honorário da Associação Internacional de Exorcistas.

Cura as feridas de minhas lembranças,
a fim de que nada do que me tenha acontecido
me faça permanecer na dor,
na angústia, na preocupação.

Cura, Senhor, todas essas feridas íntimas
que são causa de enfermidades físicas.

Ofereço-te meu coração. Aceita-o, Senhor,
purifica-o e dá-me os sentimentos
de teu coração divino.

Ajuda-me a ser humilde
e benigno para que,
repleto da tua paz, possa levá-la
a todos os homens.
Amém.

Graças, Senhor

Senhor, hoje quero dar-te graças
por tantas pessoas que colocaste
em meu caminho,
para que me dessem a tua luz
ao longo da vida.

Graças por sua presença luminosa,
que me permitiu crescer.

Graças por seus ensinamentos,
que me ajudaram a viver melhor.

Graças pelas lembranças do bem
que me fizeram ou que eu lhes pude fazer.

Graças porque, ao orar hoje por elas,
tu me sussurras ao coração dizendo-me
que cada uma dessas pessoas
foi um pequeno raio de tua luz.

Sumário

Introdução 7

Capítulo 1
Ser sentinelas de paz 11
   Todos os batizados 12
   Políticos e governantes, sejam construtores
   da verdadeira paz 14
   Construindo a paz cada dia 18
   Cura interior... 19
   É o Senhor quem lhe pede......................... 21
   Jornadas pela paz 22
   Da cruz, Jesus nos dá a sua paz 23
   Subindo a um lugar elevado...................... 27
   Oferecendo a dor no altar......................... 29
   João Paulo II, apóstolo da paz 34

Capítulo 2
Faróis de paz 37
   Receba a luz de Cristo 43
   A luz no batismo 45
   Ser luz do mundo..................................... 47
   A paz de uns com os outros 49

Conclusão 61
   Que não se apague a esperança................. 63

Impresso na gráfica da
Pia Sociedade Filhas de São Paulo
Via Raposo Tavares, km 19,145
05577-300 - São Paulo, SP - Brasil - 2007